Swingtrading met de 4-uurgrafiek

Deel 3: Waar zet ik mijn stop?

Nederlandse vertaling: Heidi Geuns

Heikin Ashi Trader

DAO PRESS

Inhoudsopgave:

1. Zijn stops noodzakelijk?

Waar zet ik mijn stop? Deze vraag stellen veel traders me steeds opnieuw. Het klinkt soms als een vervelende bijzaak die er ook nog eens bijkomt na het zware werk van de marktanalyse en de aankoop van de positie. Toch haalt deze vraag het belangrijkste onderwerp aan waar een beursspeculant zich mee kan en moet bezighouden: hoeveel wil ik op het spel zetten om de volgende kans te kopen?

Helaas gaat achter deze vraag meestal de kinderlijke wens schuil dat ik de trader een soort schuilplaats zou kunnen onthullen waar hij het lastige ding "stop" kan wegstoppen zodat de markt het nooit vindt. Vreemd genoeg heeft "de markt" een goede neus voor dit soort schuilplaatsen, vooral dan als de stop net onder of boven opmerkelijke charttechnische punten ligt, zoals een ondersteuning of een weerstand. Hoe dit gebeurt, dat werd uitvoerig beschreven in het tweede boek van deze reeks over swingtrading.

Stops zijn een tegenstrijdig besproken onderwerp onder traders. Geen wonder, want stops behoren tot de exit-strategie van een handelssysteem. Of met andere woorden: een stop is het centrale instrument van het risicomanagement en heeft rechtstreeks te maken met geld verdienen op de beurs. Daarom is het absoluut noodzakelijk dat je begrijpt welke functie een stop vervult in je handelssysteem of strategie.

Je moet bijvoorbeeld vanaf het begin al begrijpen dat het inzetten van een stop steeds leidt tot een lagere slaagkans. Als je zonder stops handelt, heb je vermoedelijk een veel hogere slaagkans. Maar soms moet je dan bij bepaalde posities erg lang wachten voordat de positie in de winst gaat. Sommige posities halen het zelfs nooit meer en dan ben je genoodzaakt deze met grote verliezen af te sluiten.

Maar als je daarentegen met een stop werkt, wordt een dergelijk scenario je bespaard. De keerzijde van de medaille is dat je je dan vaker moet neerleggen bij een verliezende trade. Deze verliezende trades zijn dan als het ware de prijs die je bereid bent te betalen om het risico onder controle te kunnen houden. Maar dat kan je niet als je zonder stops werkt. In dat geval is je risico onbeperkt.

Als je met stops handelt - en ik raad je ten zeerste aan dit te doen - zal de slaagkans van je systeem automatisch dalen. Je wint dan niet meer in 100% van de gevallen, maar nog slechts in 70% of 60% van de gevallen of zelfs nog minder. Maar er bestaan strategieën die met heel lage slaagkansen uitkomen en toch zeer winstgevend zijn.

Dit is bijvoorbeeld meestal het geval bij trendvolgers. Hier moet de trader vaak meerdere pogingen ondernemen om een positie in een trend op te bouwen. Dit leidt van nature naar veel kleine verliezen en enkele grote winsten. Het eindresultaat is positief, maar de trader moet zich soms tevreden stellen met een slaagkans onder 30%.

Een hoge slaagkans streelt natuurlijk het ego, waardoor veel beginners er vurig naar verlangen. Om dit doel te bereiken, zullen velen van hen ook het risico nemen om zonder stops te handelen. Als dan de eerste echt grote verliezen de kop opsteken, komen ze op een bepaald moment toch tot inzicht en gaan ze stops gebruiken.

Maar dat betekent nog niet dat deze trader echt de stops heeft geaccepteerd. Hij neemt ze slecht gezind aan. Meestal merk je het aan het feit dat ze er alles aan doen om te voorkomen dat de stop wordt bereikt. Vaak zijn het juist die traders die snel dat beetje winst binnenhalen van zodra het zichtbaar wordt. Liever een klein beetje winst in de pocket dan helemaal niets, zeggen ze dan.

Al deze slechte gewoonten zijn <u>een gevolg van het niet aanvaarden van stops</u>. De trader maakt er wel gebruik van, omdat hij er meestal toe gedwongen wordt, maar diep vanbinnen haat hij ze omdat ze onvermijdelijk steeds weer tot verliezende trades leiden.

Geleidelijk aan gaan ze dan inzien dat trading bitter weinig te maken heeft met "altijd gelijk willen hebben op de markt". Trading is een business als elke andere. Dat betekent dat er inkomsten en uitgaven zijn en hopelijk liggen de inkomsten hoger dan de uitgaven aan het einde van het boekjaar. De kunst van elke business bestaat er dus in de kosten zo klein mogelijk te houden en de opbrengsten te optimaliseren of door handelsuitbreiding indien mogelijk te verhogen.

Bij trading is het net hetzelfde. Trading is ook een business en ook hier heb je dus te maken met inkomsten (winnende trades) en uitgaven (verliezende trades, commissies, hardware, huur van ruimte en uurloon van de trader). Aangezien het grootste deel van de uitgaven bestaat uit verliezende trades, spreken Amerikaanse traders ook terecht van "cost of doing business". Met andere woorden: verliezende trades behoren tot onze belangrijkste kosten. Maar ze zijn noodzakelijk om te kunnen deelnemen aan het marktgebeuren.

Wie verliezende trades ziet als gewone "kosten" om aan het economisch spel of het beursspel te kunnen deelnemen, zal waarschijnlijk vroeg of laat inzien dat verliezende trades toch niet zo'n slechte zaak zijn, die je liefst uit je handelswereld wil verbannen.

In tegendeel: ze zijn de voorwaarde om te kunnen deelnemen en vormen zo een integraal bestanddeel van ons handelssysteem. We kunnen ons geen handelssysteem voorstellen zonder verliezende trades. Het heeft dus totaal geen zin om ze uit onze trades te willen verbannen.

Eens de trader met dit idee vrede heeft genomen, is hij niet meer ver van de volgende stap verwijderd: trading zien als een soort waarschijnlijkheidsspel, wat het in de grond van de zaak ook is. Net als de kleinhandelaar, die natuurlijk op kwaliteit let, maar toch probeert zijn kosten (de goederen die hij inkoopt) zo laag mogelijk te houden door middel van een bepaald prijsbeleid.

Zo moet ook de trader er alles aan doen om zijn verliezen zo klein mogelijk te houden. Hierover gaat het eerste deel van dit boek. En uiteraard gaat het tweede deel van het boek dan over hoe stops je kunnen helpen om een maximale winst te behalen, want dat kunnen ze werkelijk.

Een echte trader beschouwt het stop order niet als een noodzakelijk kwaad, maar als een vriend die hem bijstaat in het beheren van zijn posities. Het is dan ook vanzelf duidelijk dat dit ook de houding is van een professionele of institutionele trader.

2. Wat is een stop-loss order?

Een **stop-loss order** (ook order voor verliesbegrenzing) is een order dat automatisch de positie sluit van zodra een bepaalde koers wordt bereikt. Als een trader een stop-loss order plaatst bij een gekochte positie (of een verkochte positie in het geval van short posities), maakt hij daarmee duidelijk dat hij een onbegrensd verlies dat eventueel kan voortvloeien uit de positie, niet tolereert.

Deze maatregel behoort tot de goede gewoonten van een trader en is tenslotte aan te raden voor elke trader die serieus overweegt om deze business langdurig te bedrijven. Deze stop kan je ook zien als een soort oerinstinct van de trader. Tenslotte is de drive voor zelfbehoud bij bijna iedereen aanwezig. Dit geldt echter vooral voor traders met verantwoordelijkheidsbesef, die het beschermen en behouden van het handelskapitaal als hun primaire opdracht moeten zien.

Het **stop-loss order** is eigenlijk niets anders dan een contract, een aandeel of een valutapaar dat tegen de volgende verhandelbare koers wordt verkocht, van zodra de markt een vooraf vastgelegde koers bereikt. Bij de eenvoudige stop-loss wordt in dat geval een onbegrensd verkooporder gegenereerd (in het geval van een kooppositie).

Sommige brokers bieden ook **stop-loss-limit orders** aan. In dit geval wordt de positie pas verkocht op de aangegeven limietkoers. In sommige gevallen kan dit een voordeel zijn, omdat inderdaad bij de eenvoudige stop-loss de positie vaak aan een slechtere koers wordt verkocht dan de prijs die het stop-loss order aangeeft.

Het nadeel van dit stop-loss-limit order weegt echter zwaar op tegen het voordeel. In het meest ongunstige geval overstijgt de markt met een snelle beweging de vastgelegde limiet en wordt het order zelfs helemaal niet uitgevoerd. In dit geval is de positie blootgesteld aan een ongelimiteerd risico, een toestand die elke trader zoveel mogelijk moet vermijden.

Bovendien bieden sommige brokers ook **gegarandeerde stop-loss orders** aan. De broker garandeert het vereffenen van de positie exact op de gewenste koers. Daarmee neemt hij het risico voor de vereffening op zich en neemt de kosten over in het geval dat het order ver onder de beoogde stop-koers werd uitgevoerd. Dit kan inderdaad in zeldzame gevallen in het voordeel van de trader zijn, vooral wanneer er zich extreme bewegingen op de markt gaan voordoen.

Deze "service" krijg je er natuurlijk niet gratis bij. In principe betaalt de klant voor deze dienst een kleine bijdrage, ofwel vraagt de broker een grotere spread (grotere afstand tussen aankoop- en verkoopprijs). Bovendien moet de trader ook akkoord gaan met een grotere afstand tussen de instapkoers en de stop om een gegarandeerd stop-loss order te bekomen.

Terwijl deze extra veiligheid door een daytrader of scalper meestal niet wordt overwogen, is deze voor swingtraders, die hun trades vaak over meerdere dagen en weken open houden, meestal een zinvol alternatief dat de moeite waard is om te overwegen.

Als swingtrader maakt het meestal niet zoveel verschil of je de EUR/USD koopt aan 1,1210 of aan 1,1212. Natuurlijk is 1,1212 een slechtere prijs, maar als ik op mijn beide oren kan slapen omdat mijn broker het verschil bijpast als 's nachts of tijdens het weekend een extreem gebeuren plaatsvindt in de EUR/USD, dan ben ik maar al te graag bereid om deze slechtere prijs te betalen.

3. Stopmanagement

In dit derde deel van de reeks "Swingtrading met de 4-uurgrafiek" wil ik het centrale onderwerp van beheer van de stops zelf behandelen, want dit bepaalt uiteindelijk of een trading business al of niet succesvol wordt uitgevoerd. Het is algemeen geweten dat privé beleggers 90% van hun tijd spenderen aan marktanalyse terwijl ze niet eens 10% van hun tijd besteden aan het overwegen van het potentiële risico van een trade.

Bij institutionele traders is deze verhouding net omgekeerd. Professionals zijn van nature uit in eerste instantie risicomanagers. Ze moeten wel, want hun klanten en geldschieters komen onmiddellijk aankloppen als ze het gevoel hebben dat het fonds waarin ze hebben geïnvesteerd nog niet eens in de mogelijkheid is om het kapitaal te behouden, laat staan het te vermeerderen.

Het handelskapitaal van een privébelegger is meestal wel veel overzichtelijker dan dat van een institutionele investeerder, die vaak ingewikkelde risicomodellen inzet om het geld van zijn klanten te beheren. Maar om daaruit te besluiten dat het voor een privébelegger volstaat om zijn risicomanagement te voeren met behulp van de eenvoudige 1%-regel, dat lijkt me toch iets te kort door de bocht genomen.

De 1%-regel houdt in dat een trader niet meer dan 1% van zijn kapitaal mag riskeren per trade. Als de trader bijvoorbeeld 10.000 euro ter beschikking heeft, dan mag het risico per trade niet meer dan 100 euro bedragen. Dat is helemaal duidelijk, maar gaat volledig aan het eigenlijke thema voorbij.

Het is wel belangrijk om de afstand tussen de aankoopprijs en de stop correct te kunnen berekenen, want dit is nog maar het begin van het proces dat ik stopmanagement noem. Dit is alweer een belangrijk onderdeel van de exit-strategie, die tenslotte beslist over slagen of falen op de beurs. En ook hier moet de privébelegger helaas meestal onderdoen voor de ervaren professional.

In principe beschikken professionals over uitgeknobbelde en precies omschreven **exit-strategieën**. Privébeleggers gaan meestal emotioneel met het thema om. Als de positie ietwat in de winst loopt, nemen ze maar al te graag de winst op, hoewel daarvoor vaak nog geen objectieve reden bestaat.

Als de positie in het verlies staat en blijft en het stop-loss order nadert, dan blijven amateurs meestal passief en vervallen in de gekende "hoopmodus": de "markt" zou zich toch nog eens kunnen keren. Daardoor geven ze het monster, dat zij "markt" noemen, een eindeloze macht over hen, alsof ze er onvoorwaardelijk aan onderworpen zijn.

Als je deze handelswijze (waar ik zelf jarenlang gebruik van heb gemaakt) nader bekijkt, stel je vast dat de meeste privé traders de "markt" (en haar analyse) veel te hoog inschatten. Voor hen is dit ontastbare fenomeen "markt" als een onbedwingbaar dier waar je je blijkbaar volledig aan moet overgeven. Beschuldiging, erger en woede zijn gevoelens die al snel de kop kunnen opsteken bij een dergelijke houding. Ik weet het maar al te goed, als ik terugkijk naar mijn beginjaren.

De povere behandeling, om niet te zeggen **het niet bestaan van een exit-strategie**, is het bewijs dat je eigenlijk naar de beurs gaat met het plan om je te laten afslachten. Dat klinkt drastisch, maar het komt overeen met de innerlijke houding van velen, wat de succes-statistiek ons helaas ook bevestigt. Niemand kent de exacte cijfers, maar wie beweert dat 90% van de traders verliezen, behoort tot de onverbeterlijke optimisten.

Brokers komen trouwens niet graag met deze getallen naar buiten. Als je wat hardnekkiger navraag doet, krijg je meestal vage antwoorden. "We houden daarvan geen statistieken bij" is nog een van de onschuldige varianten van hun uitvluchten. Het is begrijpelijk dat ze heel terughoudend zijn, elke vorm van transparantie hieromtrent schaadt hun business.

Het werkelijke aantal verliezers kan al snel tegen de 99 % aan liggen, vooral bij de forex-brokers. Op lange termijn overleeft slechts een heel klein aandeel van de traders, zelfs minder dan 1%. Waarom is dat zo? Waarom is de beurshandel zo moeilijk en lijkt slechts een verdwijnende kleine groep mensen langdurig succes te hebben?

De meeste traders zijn zelf de oorzaak van hun falen. Zo klinkt vaak de analyse. De meeste mensen zijn psychologisch gezien niet voorbereid of niet voldoende opgeleid om deze uitdaging aan te gaan. De vele verliezen, de steeds weer opduikende drawdown-fasen (verliezende reeksen) gaan de geest van de trader op een bepaald punt afmatten. Hij begint fouten te maken, neemt te grote risico's om de verliezen snel goed te maken en maakt het zo alleen maar erger. Op een dag heeft hij dan gewoon geen geld meer over.

Ik behoor zeker tot de groep die het psychologische argument verwelkomt. Het klopt: de meeste traders zijn zelf de oorzaak van hun falen. Het ontbreekt hen aan discipline, consistentie en doorzettingsvermogen. Alles ontbreekt eigenlijk. Maar er is vooral gebrek aan inzicht wat trading eigenlijk is: een waarschijnlijkheidsspel.

Dit aspect wordt in de desbetreffende literatuur niet voldoende benadrukt. De laatste jaren zijn heel wat beurscoaches opgedoken die goed werk neerzetten met gefundeerde psychologische kennis. En als je als trader het gevoel hebt dat je daar tekortschiet, kan ik je alleen maar aanbevelen je te laten trainen door een beurscoach.

Maar daarover moeten we het in dit boek niet hebben. Ik wil hier eerder een risicomodel voorstellen, waarmee je je stops efficiënt kan beheren. Dit model houdt bovendien rekening met vooraf vermelde vermoedens van een waarschijnlijkheidsspel.

4. Speel je eigen spel

Elke handelsstrategie berust op bepaalde vermoedens hoe financiële markten functioneren en hoe je als trader hierin kan handelen. Deze vermoedens kunnen expliciet geformuleerd zijn of liggen impliciet aan de basis van de strategie. Wie bijvoorbeeld aan trendfollowing doet, gaat uit van het expliciete vermoeden dat de meeste markten zich in lang aanhoudende trends bewegen. Als je deze mening deelt, dan is het nogal consequent dat je gaat proberen om deze trend zo lang mogelijk te volgen.

Onder dit marktspecifieke vermoeden ligt echter nog een (meestal onbewuste) laag, die naar mijn mening de moeite waard is om nader te bekijken. Deze laag komt tot de kern van het thema "succes" en iedereen die zich grondig heeft beziggehouden met succesliteratuur zal dit thema zijn tegengekomen.

Alle succestrainers benadrukken het belang van de juiste innerlijke houding ten opzichte van de wereld. De Amerikanen spreken in deze context van "mindset". In het Nederlands: mentaliteit, denkwijze of geesteshouding. Het gaat dus om de manier waarop we over de wereld denken en bijgevolg hoe we de wereld beschouwen.

In handelstermen ziet het wereldbeeld van de traders er meestal als volgt uit: daarbuiten zijn er tienduizenden andere traders die allemaal mijn concurrenten zijn en slechts één doel voor ogen hebben: mijn geld afnemen.

Dit model lijkt banaal, maar het is het basisvermoeden van de meeste traders die ik ken. Voor hen is de wereld (de wereld buiten zichzelf) een vijandelijke plaats die je enkel kan overwinnen met de juiste tactieken om zo je deel van de koek te bekomen.

In dit model hebben we dus een ik (de trader), die de wereld betreedt (op de beurs handelt) in de hoop daar door middel van slim en juist gedrag een deel van de geldbewegingen naar zijn eigen rekening te kunnen doorsluizen. Consequent genoeg bevindt de trader, die zo denkt, zich steeds in een soort verdedigingsmodus. Zijn handelingen zijn altijd reactief. Als de markt (de buitenwereld) dit doet, dan reageert hij zus. Doet de markt dat, dan reageert hij zo.

Hij bevindt zich als het ware in een voortdurende strijd met een fictieve tegenstander die hij zelfs niet eens kent. Hij ziet alleen zijn sporen als lijnen of kaarsen, die de grafiek voor zijn ogen op het scherm tekent.

Dit model komt overeen met het idee dat de wereld in een subject-object realiteit verandert. Enerzijds heb je de "ik", waarmee de trader zich vereenzelvigt, die "de wereld betreedt", om daar veroveringstochten te ondernemen in de hoop met een vette buit terug te keren.

Dit model stemt natuurlijk overeen met de premissen van de klassieke wetenschappen waarop uiteindelijk onze moderne samenleving is opgebouwd. Het is de manier waarop we op school werden opgevoed en die daardoor zeer sterk bepaalt hoe we "de wereld" beschouwen.

Ik ben de laatste die wil beweren dat dit model "fout" is. In tegendeel zelfs, het is heel reëel en bepaalt ons leven op bijna elk gebied. Het probleem is alleen dat dit denkmodel niet erg nuttig is als we op de beurs handelen. Want als je op de beurs handelt met dit idee, zal je snel (vaak onbewust) slachtoffer worden van grotere machten van zodra het eens niet zo goed loopt als verwacht.

Daarbij is het uiterst noodzakelijk dat je als trader nooit de houding van "slachtoffer" aanneemt. Integendeel. Als trader moet je steeds de volledige controle over je doen en laten behouden. Vanaf het begin moet je spelleider zijn en blijven.

Om deze kwaliteit te bereiken, heb je een andere filosofie nodig, een ander idee, dat overeenstemt met de feiten van een waarschijnlijkheidsspel. Want trading heeft - dit moet duidelijk benadrukt worden - niets te maken met wisselkoersen, centrale banken, hedgefondsen, algoritmes en wat je brein verder nog mag bedenken, dat je "daar buiten" allemaal vindt.

Trading is een spel dat je helemaal alleen speelt. Ik herhaal: **trading is een spel dat je met je zelf speelt.** Trading is niets anders dan een opeenvolging van transacties, die je op de markt doorvoert volgens je eigen, zelfgekozen regels.

Met andere woorden: als je trading zo ziet, heb je het grote voordeel dat jij degene bent die de spelregels kan bepalen. Jij kan de instrumenten kiezen waarmee het spel gespeeld moet worden. En - last but not least - je mag bepalen wanneer het spel begint en eindigt!

Heb je ooit zo'n voordelen gezien of gehad bij een gezelschapsspel met vrienden? Waarschijnlijk niet. Want onder vrienden heeft iedereen aan het begin van het spel gelijke kansen. Terwijl je bij een gezelschapsspel met je vrienden moet concurreren, heb je op de beurs helemaal geen concurrenten. Je kan zelf bepalen hoe en wat er wordt gespeeld, hoe vaak en wanneer het spel gedaan is. Heb je ooit al zo'n voordelen gehad?

En dan nog slagen de meesten die naar de beurs gaan erin dit spel te verliezen, ondanks deze geweldige voordelen. Is dat niet ongelooflijk?

Je kan je eigen spel alleen maar winnen als je er ook in gelooft dat je alleen en volgens je eigen spelregels speelt. Pas dan zal je succes boeken, wanneer je er vast van overtuigd bent dat je alleen bent en dat er daar buiten niemand anders is die jouw geluk in de weg staat. Ben jij hiervan overtuigd?

Ik was hiervan als kind al overtuigd. In de kelder van ons huis stond jarenlang een voetbaltafel. Als ik me verveelde ging ik de kelder in en heb ik daar alleen gespeeld. Ik koos een fictieve tegenstander uit tegen wie ik wou spelen. Ik had een fictieve tegenstander nodig, anders zou het spel te saai zijn. Dan begon ik te spelen. Daarbij liet ik mijn tegenstander steeds weer een doelpunt scoren om het spannend te houden, maar aan het einde won ik altijd. Ik kwam steeds als winnaar uit het spel, omdat ik en ik alleen de regels bepaalde. Begrijp je?

En precies zo verloopt het ook op de beurs. Probeer het precies zo te doen als het kind dat ik ooit was. Zeg tegen jezelf: ik begin nu te spelen, maar eerst bepaal ik de spelregels die moeten worden nageleefd. Tenslotte ben jij toch de spelleider.

De regels die je hebt bedacht, zijn natuurlijk gebaseerd op bepaalde vermoedens die je voor het spel hebt gemaakt. Want je hebt wel een klein "statistisch" voordeel nodig om op lange termijn het spel te kunnen winnen. Als je dit kleine statistische voordeel niet op voorhand in je spelregels hebt ingecalculeerd, zal je je eigen spel ook niet kunnen winnen. Dan heb je als het ware jezelf verslagen.

Casino-uitbaters bijvoorbeeld weten dit maar al te goed. Het statistisch voordeel van een casino is 1%. Dit lijkt heel weinig, maar het is volstaat voor een casino om jaarlijks miljoenen winst binnen te halen. Jaar na jaar. Casino-uitbaters weten dat ze in 49% van de gevallen verliezen tegen hun klanten. Ze zien deze klanten dan met een big smile op hun gezicht en een dikke sigaar in hun mond het casino verlaten.

Maar de casino-uitbater, die met behulp van camera's op de achtergrond het doen en laten van zijn klanten in de gaten houdt, en ook de jackpot winnaar met zijn dikke sigaar het gebouw ziet verlaten, lacht ook. Want hij weet dat voor één jackpot winnaar dagelijks duizenden verliezers zijn kassa spijzen. Dankzij het kleine statistische voordeel is en blijft hij spelleider. Tenslotte is hij de winnaar, want hij strijk aan het einde van het boekjaar een vette buit op, niet de man met de dikke sigaar.

Als trader moet je je deze mentaliteit en denkwijze van de casino-uitbater eigen maken. Je moet tegen jezelf zeggen: laat af en toe maar eens iemand vertrekken met een dikke sigaar, aan het einde van de dag ben ik toch de winnaar, want ik

A. begrijp de regels van het spel omdat ik ze zelf heb ontworpen.
B. win het spel altijd omdat ik een statistisch voordeel in de regels heb ingecalculeerd.

Wie kan met zo'n idee, zo'n mentaliteit op de beurs verslagen worden? Niemand! Want deze persoon heeft geen tegenstander buiten zichzelf. Aangezien deze persoon zijn tegenstander heel goed kent (namelijk zichzelf) en daarom heel duidelijke spelregels heeft opgesteld die hij ook naleeft en waarmee hij in zekere zin zichzelf te slim af is, wint deze persoon steeds weer. Hij mag minder goede dagen hebben, maar aan het einde beheerst hij het spel dat hij zelf heeft ontworpen en behaalt hij hiervoor de zege.

Begrijp je nu waarom het zo belangrijk is om glasheldere entry- en exit-regels te formuleren nog voordat je begint? Deze moeten dan ook tijdens het spel gedisciplineerd worden doorgevoerd. Zonder deze regels zal je nooit slagen, want dan laat je "anderen" toe in JOUW spel die je dan in de val lokken. Daarom is het absoluut noodzakelijk dat je je een filosofie eigen maakt waarbij alleen jij de eigenaar van het spel bent, de enige speler zelf en ten slotte degene die aan het einde de zege behaalt.

Er mag dus ook niemand anders zijn die zich ermee bemoeit, wat er zich ook op je grafieken mag afspelen. Dat is allemaal veel minder van belang dan je denkt. Het is doorslaggevend dat je steeds je spel speelt en er niet van afwijkt.

Maar om JOUW spel te kunnen spelen, moet je natuurlijk wel eerst een spel ontwikkeld hebben, dat er als een spel uitziet. En daarmee bedoel ik dat iets meer dan 90% van de traders zelfs niet eens over een eigen spel beschikt.

Het is te zeggen: ik verhandel deze of die setup, plaats mijn stop zo dat ik maar 1% verlies, en neem winst mee van zodra ik het gevoel heb, dat het genoeg is. Dat is, zoals je hopelijk inziet, geen spel.

Want een echt beursspel dat je voor jezelf ontwikkelt, moet zo beschreven en geformuleerd zijn, dat je het op een dag in je vriendenkring naar boven kan halen.

Je vrienden kunnen het alleen maar dan met je spelen als de spelregels klaar en duidelijk geformuleerd zijn, best nog duidelijk uitgeschreven op papier, zodat elke deelnemer het kan lezen en begrijpen. Bij slechts één onduidelijkheid of één regel die voor interpretatie vatbaar is, zouden je vrienden kunnen weigeren het spel met je te spelen. Ze zullen zeggen: ach, laten we gewoon dat spel van vorige week nog eens spelen. Die regels zijn duidelijk en iedereen kent ze. Zo komt er geen ruzie van.

Zie je het? En zo moet het zijn. Zolang je een dergelijk spel niet voor jezelf duidelijk gedefinieerd en geformuleerd hebt, weet je in principe niet waar je mee bezig bent. Je voert dan gewoon maar wat transacties uit op de beurs.

Voor sommige beginnelingen kan dit wel zijn charmes hebben, vooral als je het nooit eerder gedaan hebt en je eigen geld op het spel staat. Maar vroeg of laat zal je merken dat gewoon "wat transacties uitvoeren op de beurs" je niet noodzakelijk geld gaat opleveren.

Elke vorm van geld verdienen heeft ALTIJD te maken met een soort van statistisch voordeel, eender welk spel je bedenkt. En het heeft vooral te maken met duidelijk vooraf bepaalde spelregels. Dit wil ik aantonen aan de hand van een bekend voorbeeld, zodat je precies begrijpt wat ik bedoel.

Iedereen kent de koffiehuisketen **Starbucks**. Geen wonder, want Starbucks vind je bijna overal ter wereld en de keten heeft vaak meerdere filialen in grotere steden. Maar Starbucks is lang niet de uitvinder van het koffiehuis. Lang voordat Starbucks uit de grond werd gestampt, vond je overal ter wereld de mooiste en origineelste koffiehuizen. Je hoeft maar naar Wenen te gaan, dan weet je wat ik bedoel.

Toen Starbucks de wereld begon te veroveren, hebben de stichters niet gezegd: ja, als we naar Wenen gaan, moeten we ons filiaal ter plaatse in het Weens inrichten, want anders drinken de Weners onze koffie niet. En als we naar Parijs gaan, moeten we een koffiehuis in Parijse stijl openen. Hetzelfde geldt voor New York, Seattle of Canberra.

Maar als je Starbucks kent, dan weet je dat de stichters van deze keten dit niet hebben gedaan. Een Starbucks in Wenen, Parijs of New York ziet er precies hetzelfde uit als eentje in Brussel, Frankfurt of Londen. Dezelfde koffiesoorten worden geschonken, de bediening begroet je op dezelfde manier en het koffiehuis werkt in alle 23.043 vestigingen (status 2015) op dezelfde manier.

Als koffieliefhebber kan je misschien wel kritiek hebben en zeggen dat je Café Landtmann of Café Sperl in Wenen veel beter vindt (ik ook!). Maar je kan niet beweren dat Starbucks geen succes heeft met haar strategie. Starbucks heeft zelfs zoveel succes dat het tenslotte een beursgenoteerd bedrijf is met een marktkapitalisatie van 79 miljard euro.

Hier kunnen Café Landtmann en Café Sperl in Wenen niet aan tippen. Deze traditionele koffiehuizen zijn op hun eigen manier succesvol. Landtmann speelt het Landtmann-spel terwijl Starbucks het Starbucks-spel speelt.

En Starbucks speelt dit spel altijd op dezelfde manier, eender waar, zelfs in Mongolië. Ongeacht de folklore of de plaatselijke omstandigheden, welke de "marktomstandigheden" daar ook zijn. Starbucks speelt het spel altijd volgens de "Starbucks manier". Hoewel de concurrentie soms enorm is, zoals in Wenen, dat op gebied van koffiehuizen eigenlijk niet kan worden overtroffen. Daar trekt Starbucks zich niets van aan. Starbucks heeft geen Weense variant van Starbucks opgericht, nee, het is hier ook (en ik heb het met mijn eigen ogen gezien) dezelfde vorm van Starbucks als in Seattle.

Met andere woorden: Starbucks speelt steeds haar eigen spel, ongeacht de omstandigheden. En dat moet jij als trader ook doen. Elke succesvolle trader die ik ken, handelt volgens dit principe. Hoe verschillend "de methodes" van elke trader ook mogen zijn, ze spelen hun eigen spel omdat ze uit ervaring hebben geleerd dat ze hier succes mee boeken.

Als zoveel verschillende traders met zoveel verschillende methodes succes hebben, dan zal je hopelijk begrijpen dat succes op de beurs helemaal niets te maken heeft met een bepaalde methode of strategie, wat veel beginnelingen geloven.

Het klopt dat elke succesvolle trader na een bepaalde trial & error fase een eigen methode heeft ontwikkeld, die past bij zijn persoonlijkheid. Maar het is niet dankzij deze methode dat hij succes heeft. Hij heeft succes omdat hij zijn methode met een starbucksachtige discipline en volharding uitvoert. En dat dag na dag, jaar in jaar uit.

Omdat hij zich aan zijn spel houdt en er nooit van afwijkt, is hij in de loop der tijd daadwerkelijk de spelleider geworden. Hij heeft zijn plaats op de beurs die niemand hem kan betwisten, want hij zit daar alleen op zijn troon, verder niemand.

Daarom is het volgens mij ook overbodig om de methode van een meester te kopiëren in de hoop dat jij net zoveel succes zal hebben. Want in principe zal dit niet werken. Als je zou proberen om Starbucks te kopiëren (wat steeds opnieuw wordt geprobeerd) gewoon omdat Starbucks succes heeft, dan zal je falen.

Als je het Starbucks-principe begrijpt maar je eigen regels ontwerpt, die bij jou passen, dan heb je zeker een kans op de markt, zoals andere koffieketens het ook succesvol hebben waargemaakt.

Daarom werkt trading ook. Natuurlijk kan je leren van een succesvol trader. Maar je zal niets leren als je gewoon zijn methode kopieert. Je zal er pas iets van leren als je eerst toekijkt hoe hij dag na dag ZIJN spel speelt, ongeacht wat de centrale banken nu weer doen of niet doen of welke catastrofe er ook mag plaatsvinden in de oliemarkt of de aandelenmarkt. Deze gebeurtenissen zijn er alleen maar om je te verwarren en je van je eigen spel af te leiden.

Zolang je je nog laat afleiden, leef je nog in de ik-objectwereld, dus in het model dat je op school en aan de universiteit hebt geleerd, namelijk dat we, zodra we in de buitenwereld treden, talloze concurrenten tegenkomen waar we het tegen moeten opnemen om ook ons deel van de koek te kunnen bekomen. Ik zeg het je klaar en duidelijk: dit idee is pure bullshit.

Er is daarbuiten niets. Helemaal niets. Alleen maar jij en JOUW spel. En als je dat niet wil geloven, probeer dan maar verder op deze oude manier, ik wens je veel geluk in deze wereld. Ik zeg je alleen maar: ik heb uit ervaring geleerd dat alle succesvolle traders op deze planeet hun eigen spel spelen. Ze hebben hun eigen spelregels, die ze naleven en uitspelen en ze geven geen zier om wat anderen denken of wat de markt hen oplegt.

5. Verlies beperken

De term "gratis trade" zal je steeds weer tegenkomen in de trading literatuur. Wat wordt daarmee bedoeld? Het is een positie die je hebt geopend en die buiten de risicozone ligt. Dit betekent dat je met deze trade geen verlies meer kan maken, enkel nog winst. Deze situatie doet zich voor wanneer je je beschermende stop op break-even hebt geplaatst, dus op het koersniveau waaraan je gekocht hebt (of verkocht als je short bent gegaan).

Vanaf dat moment is het je gelukt om ervoor te zorgen dat de trade geen verlies meer kan lopen. Het ergste wat nu nog kan gebeuren is dat de markt terugkomt en je eruit wordt gegooid. Aangezien je stop op het break-even punt staat, zal je in dit geval niet winnen en ook niet verliezen. Het resultaat is 0.

Nu kent elke beursspeculant de gouden handelsregel: **Verlies beperken, winst de vrije loop laten.** Deze vind je in elk boek over trading en iedereen neemt deze spreuk aan als gegeven. Men kent de spreuk en dat is het dan.

Haast niemand bekijkt deze regel wat nader, laat staan dat men er alles aan doet om hem in de praktijk om te zetten. In de portfolio's van beleggers staan posities soms maandenlang of zelfs nog langer in het risicobereik. Ze bieden geen of nauwelijks winst. Deze minimale winst of verlies kan op elk moment een groot verlies worden.

Het argument van de aanhanger van deze methode klinkt: je moet de markt wat ademruimte geven. (Technisch gesproken moet je dus rekening houden met de natuurlijke volatiliteit van de markt en je stop-loss hiernaar aanpassen).

Ook in deze zin weerklinkt de reeds aangehaalde slachtoffermentaliteit. Hier speelt niet iemand zijn eigen spel, maar laat hij de "natuurlijke schommelingen of volatiliteit" beslissen of en hoeveel hij wil verliezen. Deze mentaliteit past echter niet in mijn aanpak, waarbij je als trader zelf de spelregels bepaalt en uitsluitend volgens je eigen spelregels speelt.

Elke ervaren trader weet dat hoe langer de trade in het verlies staat, hoe kleiner de kans wordt dat deze trade zich nog omzet in winst. Als dat zo is, verplicht dit inzicht me om **een tijdcomponent in te bouwen in mijn stopmanagement**. Als een positie na een vooraf vastgelegde tijd nog steeds niet in de winst zit, moet het risico verlaagd worden of moet de positie gesloten worden.

Dit klinkt onverbiddelijk, maar deze maatregel is in overeenstemming met het eerste deel van de gouden beursregel. Deze houdt in dat ik er alles aan moet doen om het verlies te begrenzen. Als ik weet dat posities die na een bepaalde tijd de winstdrempel niet hebben overschreden, dit met zeer grote waarschijnlijkheid in de toekomst ook niet zullen doen, waarom wil ik die posities dan behouden? Ik krijg er alleen maar stress van.

Eén van de goede handelsgewoonten is dan ook je verliezende posities drastisch te verminderen of zelfs te sluiten als je na een bepaalde tijd het gevoel hebt dat je er geld mee gaat verliezen.

Welke tijd-regel geldt hier?

Dat hangt af van de tijdeenheid waarin je handelt. Als je als swingtrader handelt op een 4-uurgrafiek, dan moet je natuurlijk niet al na 5 minuten onrustig worden, als je positie nog steeds niet over de winstdrempel is geraakt. Staat de positie na 24 uur (dus na 6 kaarsen op de grafiek) nog steeds in verlies en gaat hij niet vooruit, dan moet je ernstig overwegen hoe je het risico kan verminderen.

Ben je daytrader en werk je met een 5-minutengrafiek en je positie staat na 30 minuten (6 kaarsen) nog steeds in het verlies, dan moet je ten laatste op dit moment denken aan het verlagen van het risico.

Een goede maatregel is **de initiële stop korter naar de huidige markt te schuiven**. Daardoor riskeer je natuurlijk dat de stop wordt gehaald, maar je verlies zal kleiner zijn. Als de markt zich dan op een bepaald moment toch in de gewenste richting zou bewegen, dan heb je toch de juiste beslissing genomen. Doet de markt dit niet en word je door je stop uit de markt gegooid, dan heb je ook de juiste beslissing genomen. Je hebt dan wel verloren, maar je hebt tenminste alles eraan gedaan om het verlies zo klein mogelijk te houden. Dat noem ik actief stopmanagement.

Een trader die zijn eigen spel speelt, doet ook aan actief stopmanagement. Hij wacht niet af tot hij slachtoffer wordt van een volatiele tegenbeweging van de markt. Hij zegt: tot hier en geen stap verder.

De tweede mogelijkheid van risicobeperking is **het verkleinen van de positie zelf**. Dit lukt in de meeste gevallen. Als je aandelen verhandelt, verkoop je de helft of een derde van je aandelenbundel. Handel je met deviezen, kun je de helft van de positie sluiten. De maatregel werkt niet als je futures verhandelt en met slechts één lot (één contract) handelt. Dit kan je niet verdelen.

Dat is de reden waarom sommigen van mening zijn (en ik deel deze mening) dat traders die met slechts één contract handelen, suboptimaal handelen. Ze beperken zichzelf in hun handelsmogelijkheden.

Als je aan swingtrading doet op de 4-uurgrafiek en je hebt bijvoorbeeld twee mini-DAX futures gekocht, dan kan je één daarvan verkopen mocht je positie na 24 uur nog niet in de winst staan.

Als een positie na een bepaalde tijd de winstdrempel niet heeft overschreden, betekent dat gewoon dat je vermoeden over de toekomstige marktontwikkeling fout was. Niet meer, niet minder. Ook als je je bezighoudt met een grondige marktanalyse zal je weten dat je instap altijd onderhevig is aan het toevalsprincipe. Bijgevolg is ook je stop aan het toeval onderworpen.

Waarom zou de "markt" juist op het moment dat jij gekocht hebt, beginnen stijgen? Dat is toch een nogal arrogante, om niet te zeggen megalomane gedachte, nietwaar? Alsof de hele wereld erop zit te wachten dat jij eindelijk koopt, zodat de beweging kan beginnen.

De waarheid is: op de beurs handel je in een toevallige markt. Alles kan op elk moment gebeuren (en ook het tegendeel daarvan). Zorg dat dit duidelijk is en je zal eindelijk begrijpen dat het simpelweg een kinderwens is dat je analyse correct is en de markt zich daaraan moet houden.

En daarom moet je als trader glasheldere regels opstellen hoe je het risico gaat beheren. Jij bepaalt wanneer gekocht of verkocht wordt. Doe je dat niet, dan zal het marktgebeuren je op het verkeerde spoor zetten en zal je op een bepaald moment de wereld niet meer begrijpen. Geloof mij, ik spreek hier echt uit eigen ervaring.

6. Laat de winst de vrije loop

Tot nu toe hebben we het eerste deel van de gouden beursregel besproken, verliezen begrenzen. Maar er is ook een tweede deel en dat luidt: Laat de winst de vrije loop. En ook hier ben ik van mening dat de meeste traders hier niet goed luisteren. Ik herhaal de regel: Laat de winst de vrije loop!

Met andere woorden, als we met betrekking tot het eerste deel van de regel alles eraan moeten doen om het verlies te minimaliseren, moeten we bij het tweede deel er ook alles aan doen om de winst de vrije loop te laten.

Als ik met betrekking tot de verliezen uiterst streng te werk ga en mijn verliezende positie nog liever vandaag sluit dan morgen, dan ben ik voor wat betreft mijn winnende posities uiterst geduldig en royaal. Je leest het goed: royaal en geduldig.

Waarom?

De winstdrempel is voor mij een soort magische grens. En ik ben er zeker van dat elke trader deze grens kent. Zolang een positie onder water staat, voel ik me niet op mijn gemak. Ik vind het niet leuk, omdat ik weet dat ik geld verlies en hoe langer ik wacht, hoe meer ik verlies. Dus ben ik zeer streng in het behandelen van mijn verliezende posities.

Maar van zodra de positie de winstdrempel overschrijdt, ontspan ik me. Ik weet: deze investering begint te renderen. Maar ik ben nog niet helemaal gerust, omdat de positie zich nog steeds in de risicozone bevindt. De richting is wel juist, maar ik weet dat de markt op elk moment kan keren en mijn positie weer in het verlies kan komen.

Maar het is ook een goede gewoonte om het risico te verminderen van zodra een positie in de winstzone komt. Je begint het stop-loss order te verschuiven in de richting van het break-even punt. Met andere woorden: de reeds behaalde winst biedt je de mogelijkheid om het risico tot een minimum te beperken.

We kunnen bijvoorbeeld een aankooppositie innemen in de Dow Jones. We gaan ervan uit dat je swingtrader bent en dat je de Dow Jones hebt gekocht op 17.000 punten. De initiële stop staat op 16.800, dus 200 punten lager. Als de Dow nu stijgt naar 17.100 heeft het voor mij geen zin om de stop op 16.800 te laten staan. Ik plaats de stop op 16.900 (ongeacht eventuele charttechnische overwegingen). Ik plaats mijn stop daar omdat dat mijn regel is. Begrijp je?

Als de Dow nu verder stijgt naar 17.200, dan kom ik in de comfortabele positie om mijn stop te verplaatsen naar het break-even punt, dus op 17.000. Dat is het beste wat je kan overkomen. Want nu heb je een winstgevende positie die niet meer in het verlies kan komen. Ik kan dus lekker relaxen en de ontwikkeling van de trade verder bekijken. Of met de woorden van de gouden beursregel: mijn winst de vrije loop laten.

En dat is wat sommigen een "gratis trade" noemen. Dat betekent: je kan alleen nog winnen. Het ergste wat nog kan gebeuren is dat de markt terugkomt en je stop order uitvoert. In dit geval heb je niets gewonnen, maar ook niets verloren.

Nu heb ik eerder gezegd dat ik op gebied van winnende posities royaal ben. Ik ben als het ware geduldig met de markt en geef haar de nodige ruimte om zich te ontwikkelen. Dat betekent echter niet dat ik geen regels heb voor winnende trades, ik ben gewoon niet meer zo streng als bij verliezende trades. Helaas doen veel beleggers net het tegenovergestelde: ze zijn streng bij winnende trades (ze nemen de winst op zodra er een beetje winst is) en ze hebben eindeloos veel geduld met verliezende posities.

Ik probeer dus net het tegenovergestelde te doen, wat ook goed is volgens de gouden beursregel en goed voor mijn portemonnee.

Wat het beheer van winnende trades betreft, maak ik een onderscheid tussen trades met duidelijk gedefinieerde koersdoelen en trades die op grotere bewegingen inzetten (trendtrades). Dit onderscheid is belangrijk, want het stelt een uiteenlopend stopmanagement voorop.

7. Stopmanagement in trendmarkten

Als je een grotere beweging verwacht of de voortzetting van een grote beweging, dan wil je natuurlijk het maximum uit de trade halen. De klassieke manier van het plaatsen van stops in een trendmarkt houdt in dat je de stop telkens onder de laatste swing-low plaatst. Deze maatregel ligt aan de basis van de **Dow-theorie**, die zegt dat een trend wordt gekenmerkt door hogere highs en hogere lows.

Dit vermoeden klinkt ook logisch. De trader beschermt hiermee de opgebouwde winsten met een bijgewerkte stop. Helaas is deze methode ook niet helemaal foutloos, zoals onderstaand voorbeeld in de S&P500 aantoont.

E-mini, 4-uurgrafiek, Heikin Ashi

Stel dat de trader zich na de dubbele low van begin van 2016 in de S&P500 aan een long positie had gewaagd. Zijn initiële stop zou bijgevolg bij het openen van de positie iets onder de lows van de dubbele low liggen. De markt begint te stijgen en na 13 witte kaarsen doet zich een consolidatie voor, die echter van korte duur is. Na enkele uren stijgt de markt verder.

De trader maakt gebruik van de low van de consolidatie om zijn winst te beschermen en schuift zijn stop nu op tot onder deze swing-low (eerste horizontale lijn onderaan). De markt stijgt 9 kaarsen hoger en de volgende consolidatiefase neemt haar intrede. De trader wacht deze af en nadat de markt opnieuw stijgt, schuift hij zijn stop opnieuw onder de laatste low van de consolidatie (tweede horizontale lijn).

De markt stijgt opnieuw, maar na zeven witte kaarsen gaat ze weer over in een consolidatie, die deze keer langer aanhoudt en ook dieper gaat dan de twee vorige. Het gevolg is dat de trader door zijn stop uit de markt wordt gehaald (horizontale pijl). Dit is nog maar net gebeurd als de markt weer stijgt en na elf witte kaarsen een nieuwe high bereikt.

Ten slotte stijgt de markt de daaropvolgende dagen en weken steeds verder en de trader moet toekijken hoe massale winsten aan zijn neus voorbijgaan, hoewel hij de richting juist had ingeschat en vanaf het begin mee was. Hij heeft zich gewoonweg door een korte, voorbijgaande correctie, nog niet eens een retracement, uit de markt laten verdringen.

Dit is een ervaring die veel traders doormaken. Hun analyse klopt, ze doen wat goed is door een positie op te bouwen, maar ze falen in risicomanagement. Met het klassieke advies om "de stop te verschuiven naar de laatste heersende swing-low" kom je op de huidige markt nauwelijks vooruit. Te veel fakes halen de stops steeds weer uit de markt. De smart money weet natuurlijk maar al te goed dat trendvolgers hun stop onder de swing-lows plaatsen. En het is natuurlijk voor hen verleidelijk om deze orders snel even te halen.

Ik heb uit ervaring geleerd dat de oorzaak voor deze hele problematiek van de plaatsing van stops in trendmarkten te vinden is in een fout denkpatroon hoe je de markt moet verhandelen. Het is algemeen geweten dat ook sterke trends steeds weer door sterke correcties kunnen worden onderbroken.

Als je met deze verouderde methode aan de slag gaat voor het plaatsen van je stop, zal je steeds opnieuw beleven dat de markt je stop haalt. Je wordt dus op een denkbaar ongunstige plaats in de trend eruit gegooid, hoewel de trend zelf nog helemaal niet aan zijn einde is gekomen.

Als je een grotere beweging verwacht en in de juiste positie zit, moet je in plaats daarvan de markt eerst echt de ruimte geven om zich te ontwikkelen. Zo streng als ik ben zolang een positie in het verlies staat (ik verlies geld!), zo royaal ben ik van zodra de positie in de winst staat (ik verdien geld!).

Waarom zou je in hemelsnaam de ontplooiing van je winstposities in goede trends afblokken door te krappe stops? Kan iemand mij het nut van deze maatregel uitleggen? Als het tweede deel van de gouden beursregel zegt "je winst de vrije loop laten", dan moet je dat ook doen. Als swingtrader kan je prachtige winsten opstrijken met een zeer overzichtelijk risico. Dat is nu toch net het voordeel van deze handelsstijl.

Het argument van de tegenstander van deze filosofie ken ik maar al te goed. Ze zullen zeggen: als de trader de stop niet onder de laatste swing-low van de stijgende beweging had geplaatst, had hij mogelijk het risico gelopen dat de stijgende beweging van de markt teniet wordt gedaan. Hij zou dus alle verkregen winsten weer afgeven en riskeerde daardoor zelfs een verlies.

Dit argument is niet gemakkelijk van de hand te wijzen. Dit scenario kan zich inderdaad voordoen en het zal zich ook steeds weer voordoen. Het is echter algemeen geweten dat beleggers meer angst hebben om hun behaalde winsten weer aan de markt te moeten afgeven dan om werkelijk verlies te maken met een positie.

En het is net deze angst die hen ertoe drijft ofwel de winst te snel te realiseren, van zodra er een klein beetje winst is, ofwel de stop heel kort op de koers te laten volgen. Alsof ze hun winnende positie geen verdere ontwikkeling kunnen toevertrouwen. Dat is geen rationeel gedrag.

Mijn argument is: de markt mag steeds weer terugkomen, en de trader moet toekijken hoe de behaalde winst steeds weer moet worden afgegeven. Dat is een onderdeel van het spel dat je alleen speelt. Je geeft echter vaak **heel grote winsten** af door te vroeg te stoppen, zoals het geval was in dit voorbeeld van de e-mini.

Met andere woorden: de winsten die je laat schieten liggen meestal veel hoger dan de winsten die je eventueel weer moet afgeven bij een terugval van de markt. Als je als trader op trends zet, doe het dan op de juiste manier. Om het met een kwinkslag van de onvergetelijke Hongaarse spekulant André Kostolany te zeggen: "Varkensvlees moet druipen - en de beurs moet de moeite waard zijn."

Ik herhaal nogmaals: Ik ben gierig en heel streng als het op verlies aankomt, maar ik word royaal als een oma met haar kleinkinderen als het om winst gaat.

De winstdrempel is de magische grens waar ik me ofwel ontspan (bij winst) ofwel zenuwachtig wordt (bij verlies). Eens ik in de winst sta, wordt ik bijna eindeloos geduldig (bijna!), maar zolang ik in het verlies sta, ben ik de meest ongeduldige mens ter wereld. De meeste beleggers gedragen zich - sorry - net tegenovergesteld.

Er is echter nog een tweede grens naast de winstdrempel, en deze is bijna nog belangrijker: **de break-even grens**. Van zodra ik de stop naar break-even kan brengen, ontspan ik me volledig, want ik kan niet meer verliezen. Als swingtrader moet deze drempel je primaire doel zijn. Daarna kan het plezier beginnen.

Alles wat voor het break-even punt ligt, voelt aan als werk en streng risicobeheer en dat is het ook. Alles wat daarna komt, is de toestand waarom we van de beurs houden. We hebben een positie op het juiste moment in de juiste markt en we kunnen toekijken hoe deze positie steeds meer geld verdient. Is dat niet geweldig?

Moet bij dergelijke winstposities in trendmarkten de winst dan niet op één of andere manier worden veiliggesteld? Uiteraard moet je op een bepaalde manier je winst veiligstellen, en op een bepaald moment moet je ook je winst ophalen. Het is zelfs heel belangrijk dat je leert op een bepaald moment "bedankt" te zeggen en je vervolgens uit de voeten te maken.

Maar ik wou je eerst de irrationele angst ontnemen om de behaalde winsten weer te moeten afgeven. Het zal gebeuren en je kan er niet omheen. Maar in mijn ogen is het veel erger als je vroeger was gestopt, zoals in afbeelding 2, en dan moet toekijken hoe iedereen behalve jij het feest mag bijwonen.

Ik wil je dus naar de grootmoeder-kleinkind situatie leiden en een beroep doen op je eigen royaliteit. Geeft elke winstpositie de nodige ademruimte. Zorg ervoor dat je de stop zo snel mogelijk naar break-even brengt, dan kan je niets meer gebeuren en je kan in een toeschouwersmodus schakelen.

Wat bedoel ik daarmee? Elke trend heeft zijn eigen dynamiek en innerlijke logica. Schuif de stop wat hoger als je al goed in de winst staat. Daar is niets mis mee, maar niet onder de laatste swing-low. Kies bijvoorbeeld de voorlaatste swing-low. Als deze uit de markt wordt gehaald, dan is er echt iets mis met deze trend. Dan moet je voorzichtig zijn of misschien de positie sluiten. Je kan je positie altijd weer terugkopen als je ervan overtuigd bent dat de trend nog niet ten einde is. Ook hier is niets verboden.

Een alternatief zou zijn om een soort trailing stop in te zetten. Dat kan een gewone trailing stop zijn, zoals in het voorbeeld met de Dow Jones. In dat geval had ik een trailing stop gebruikt die op een afstand van 200 punten meeliep. Ik raad echter aan om deze trailing stop royaal uit te kiezen.

Afbeelding 3: E-mini, 4-uurgrafiek, Heikin Ashi

Afbeelding 3: ook uit de S&P500, is een voorbeeld uit het jaar 2014. We zien een zeer sterke stijgende trend. De Heikin Ashi kaarsen zijn bij elke stijgende beweging wit, zonder uitzondering, en de consolidatieperiodes (meestal na het sluiten van de beurs) zijn kort en bijna onbeduidend. De eerste vier koopgolven zijn absoluut overtuigend. In een dergelijk geval kan je dus lekker relaxen en genieten van de rit.

De vijfde koopgolf (pijl) is echter niet meer zo overtuigend. Na vier witte kaarsen duiken meteen meerdere zwarte kaarsen op en bij de zesde golf is dit opnieuw het geval. De stijgende trend geraakt duidelijk buiten adem. Dit is de fase waarin ik een trailing stop zou aanraden. Dit is de eindfase van de trend en als trader moet het voor jou duidelijk zijn dat zich op elk moment een flinke correctie kan voordoen.

In dit voorbeeld hadden de traders met een kooppositie zelfs geluk, want nadat de markt haar top had bereikt, ging ze op een heel hoog niveau besluiteloos zijwaarts. Hoe langer het duurt, hoe korter ik mijn trailing stop zou plaatsen. In het begin hier nog 30 punten, maar dan zou ik snel naar 20 punten gaan en zelfs naar 10. Op een bepaald moment wordt je order natuurlijk uitgevoerd en ben je uit de markt.

Hopelijk begrijp je de intentie. In de eindfase van de trend gaat het er altijd om dat je de oogst moet binnenhalen. Je hebt het verdiend. Je wordt voor je geduld beloond.

Je kan natuurlijk alleen maar oogsten als je tijdens de accumulatiefase (beginfase van de trend) en tijdens de momentumfase (hier is de trend het sterkst, de kaarsen het grootst) je stop op een royale afstand van de huidige markt hebt geplaatst. Het heeft geen zin om te proberen een sterke trend kort op te volgen met een stop. Laat deze lopen!

Probeer ook niet de high te raden, in principe gaat je dat toch niet lukken. Het is beter om duidelijke stopregels te hebben waarmee je het maximum uit je trade haalt. Dit zal zeker niet altijd lukken, maar af en toe scoor je een home-run, zoals de Amerikanen het zouden zeggen. En dit is een goede zaak voor je rekening.

8. Stopmanagement met koersdoelen

Als ik met een duidelijk koersdoel werk, bijvoorbeeld als ik een range verhandel (zijwaartse markt), dan heeft het in mijn ogen weinig zin om met een trailing stop te werken. Bekijk hiervoor het onderstaande voorbeeld in de EUR/USD.

Afbeelding 4: EUR/USD 1-uurgrafiek

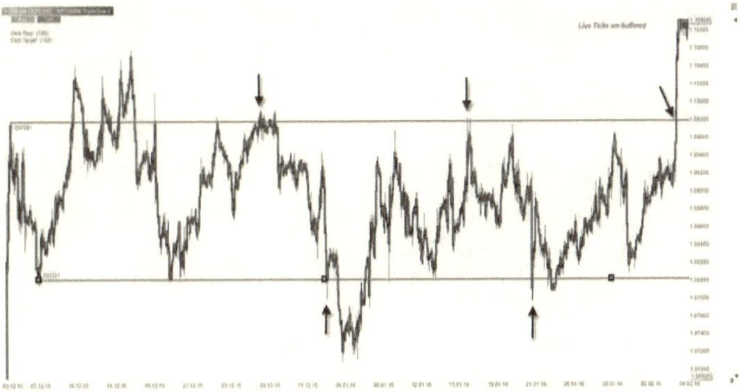

Een range wordt zichtbaar wanneer beide begrenzende lijnen minstens 2 opmerkelijke aanrakingen vertonen. Pas dan kan de trader de range zo identificeren en verhandelen. In dit geval waren dus 5 trades mogelijk. Drie short trades (pijlen bovenaan) en twee long trades (pijlen onderaan).

Het is kenmerkend voor een zijwaartse fase dat de marktspelers het min of meer eens zijn over de huidige prijs van de markt. Natuurlijk zijn er toch nog schommelingen, waar de behendige range-traders gebruik van kunnen maken. In dit geval kon ik een range waarnemen in de EUR/USD van zo'n 180 pips breed. Je ziet dat er ook meerdere fakes waren en zelfs een regelrechte valse uitbraak naar beneden. Toch keerde de markt terug in de range.

In tegenstelling tot trendmarkten zijn rangemarkten onzekere markten. Dit zie je met een eenvoudige blik op de grafiek. De koersen lijken zonder duidelijke richting als pingpongballetjes heen en weer te schieten. In mijn ogen heeft het hier geen zin om met een trailing stop te werken.

Het koersdoel bij range-trading is de tegenoverliggende range-grens van waar je gekocht hebt. Als je de ondersteuning (onderste lijn) koopt, dan is je koersdoel automatisch de bovengrens, dus de weerstand (bovenste horizontale lijn). In dit voorbeeld kan je dus maximaal 180 punten winst maken.

Als range-trader ga je ervan uit dat de ondersteuning aanhoudt als je long gaat. Daarom mag je de stop ook niet te royaal plaatsen. Ik raad hier de helft van de range aan, dus 90 pips. Zoals je kan zien heeft deze maatregel bij de eerste twee short trades goed gewerkt. Bij de eerste long trade echter niet. Hier was de stop slachtoffer geworden van de markt.

De tweede long trade (pijl rechts onderaan) behaalde echter duidelijk het koersdoel. Maar kijk eens even naar de koerscapriolen die de EUR/USD maakte tot het koersdoel werd bereikt. Dat is heel typisch voor een range markt. Om die reden moet je hier niet werken met een trailing stop.

Eerst schoot de euro zelfs de hoogte in tot de range high (de long positie stond dus al 90 pips in de winst) om dan de volledige weg terug te keren en zelfs onder de break-even prijs te zakken. Dit is heel vervelend, maar het gebeurt. Als je dus hier de stop te overhaast op break-even had geplaatst, had je ernaar kunnen fluiten.

Maar ik raad meestal aan de initiële stop wat in te korten, op 45 pips, als je al 90 pips in de winst staat. Maar de maatregelen die gelden voor trendmarkten, zijn helemaal niet geldig voor rangemarkten. Het verhandelen van rangemarkten is nog meer een waarschijnlijkheidsspel dan al de rest. Sommige trades bereiken het koersdoel, andere worden gestopt.

In dit voorbeeld hadden we dus volgend resultaat:

3 winnende trades: 3 x 180= 540 pips

2 verliezende trades: 2 x 90 = -180 pips

Totaal: 360 pips

9. De Frankenschock, een helend moment voor de traderswereld

Wie op zaterdag in de late namiddag of tegen de avond van het Zuid-Badense Konstanz over de grens naar Zwitserland wil reizen, zal vaak raar opkijken. Een kilometerslange file vormt zich voor de Zwitserse grens. Wie de nummerplaten bekijkt, stelt vast dat het geen Duitsers zijn die naar Zwitserland willen, maar Zwitsers! Heeft hier een soort van invasie plaatsgevonden?

Op vrijdagnamiddagen en op zaterdagen ziet het er werkelijk zo uit, maar de Zwitserse invallers bezorgen de Zuid-Duitse kleinhandelaars een tweede kerstshopping, want sinds de spectaculaire opwaardering van de Zwitserse Frank op 15 januari 2015 is het inkooptoerisme sterk toegenomen.

En het is nog niet genoeg dat de Zwitsers met hun sterke Franken de rekken in de supermarkten van de Duitse grenssteden leegkopen. Ze wachten ook nog eens tot de formulieren voor de BTW gedrukt zijn. Bij de douane krijgen ze dan de BTW terugbetaald. Zo winnen ze zelfs twee keer.

Dit voorval, dat onder de naam **Frankenschock** de beursgeschiedenis is ingegaan, vond plaats op 15 januari 2015. Slechts enkele dagen voor 15 januari had de Zwitserse Nationale Bank aangekondigd dat ze er alles aan zouden doen om de ondergrens van 1,20 voor het valutapaar EUR/CHF, die ze zelf hadden opgelegd, te verdedigen.

Enkele dagen later gebeurde dan waar niemand rekening mee gehouden had. Ze liet de ondergrens vallen. De euro zakte in slechts een half uur met 15%. Alle Zwitsers hadden in één slag 15% meer koopkracht in het buitenland.

Wat goed is voor de Zwitserse inkooptoeristen en voor de Zuid-Duitse kleinhandel, is in mijn ogen ook goed voor de trading community. De Frankenschock was eigenlijk het beste wat de traders kon overkomen. Ook al kwam er ook wat kwaad naar boven, deels met juridische gevolgen. Ook al hebben enkele brokers het voorval niet overleefd, toch ben ik blij dat het gebeurd is.

Je kan de Frankenschock beschouwen als een hoofdstuk in de "valutaoorlog" en dat is het ook, we weten nu uiterlijk sinds 15 januari dat je geen enkele nog zo belangrijke speler in de financiële markten mag vertrouwen, zelfs geen centrale bankier.

In 2015 hielden heel wat traders een long positie in de EUR/CHF, want de koers lag de dagen voor 15 januari maar net boven 1,20. Aangezien de Zwitserse nationale bank de ondergrens "garandeerde", leek een long positie logisch en gold dit als een free trade.

Toen dan het ondenkbare gebeurde, hadden enkelen misschien toch een stop-loss order geplaatst op 1,19 of 1,18. Maar dat hielp hen niet, want de slippage (slechtere uitvoeringskoersen) was op die dag zo geweldig, dat de EUR/CHF binnen de kortste tijd van 1,20 naar 0,85 zakte. De werkelijke uitvoeringskoers van de stop lag dan in sommige gevallen op 0,85, wat tot gigantische verliezen leidde. Traders die op de SNB hadden vertrouwd, verloren deels bedragen met zes of zeven cijfers.

Met andere woorden: in dit extreme geval, ook wel "**black swan**" genoemd, kan ook een stop-loss order niet baten. Maar dergelijke zwarte zwanen komen maar heel zelden voor. Het is echter niet uitgesloten dat elke trader in zijn carrière minstens één keer slachtoffer wordt van een dergelijke gebeurtenis.

Een vergelijkbaar voorval, weliswaar minder drastisch, deed zich voor op 11 september 2001. Na de aanslagen op het World Trade Center bleven de beurzen in Amerika dagenlang gesloten. Geen enkele trader had de mogelijkheid om zijn posities te vereffenen. Uiteraard lagen de koersen, toen de beurzen weer geopend werden, duidelijk lager.

De Frankenschock was ook nuttig in mijn ogen om eens ernstig na te denken over het onderwerp **positiegrootte**. Als private traders eens de gelegenheid krijgen om een professioneel vermogensbeheer aan het werk te zien, vragen ze zich vaak af "hoe klein" de posities zijn, die daar verhandeld worden. Klein in vergelijking met het beschikbare kapitaal, natuurlijk.

Met uitzondering van enkele hedgefondsen (van de aard George Soros) is het voor institutionele beleggers een regel dat geen enkele positie het fonds in moeilijkheden mag brengen. Stel, een fonds heeft een positie in aandeel XYZ en dit bedrijf gaat over de kop. Het aandeel valt terug op 0, dus een totaal verlies. Vaak ervaar je dan dat dit verlies in de totale balans van een fonds misschien een verlies van 1 of 2% vertegenwoordigt. Ik zou dit een spijtig éénmalig voorval noemen dat echter het fonds niet in de insolventie drijft.

Voor private traders is het echter niet zeldzaam dat ze een positie houden waarvan de waarde hun handelskapitaal zwaar overschrijdt. Wie dus 10.000 USD ter beschikking heeft voor het handelen en 1 mini lot op de EUR/USD koopt (waarde 10.000 USD) heeft in principe al zijn volledig kapitaal geïnvesteerd. Natuurlijk kan de trader op basis van de hoge hefboomwerking op de deviezenmarkt veel grotere posities kopen. De vraag is echter of hij dit ook moet doen.

Net de Frankenschock heeft ons toch laten zien hoe gevaarlijk het kan zijn om posities te houden die een veelvoud zijn van je eigen kapitaal. Als het mis gaat, zoals in het geval van de Frankenschock, komt de Duitse bondskanselier niet aan de microfoon om de forex-traders de volle steun van de Duitse belastingbetalers te verzekeren, sorry.

Je moet als trader ernstig overwegen of je überhaupt met een hefboom moet traden, ook als sommige brokers je een hefboom van 1:100 aanbieden (bij sommigen zelfs 1:400!!). Het klinkt aanlokkelijk om een klein kapitaal van enkele luttele duizenden euro's op korte tijd om te zetten naar miljoenen. Maar het is nog veel waarschijnlijker dat je dit mini-kapitaal in enkele maanden tijd kwijtspeelt als je deze vorm van hefbomen inzet.

Ik raad aan om met kleine positiegr oottes te handelen, gebaseerd op de waarneming dat de meeste traders overschatten wat je op korte tijd (week of een maand) kan bereiken. Ze onderschatten echter wat je binnen een langere periode kan bereiken, als je je strategie gedisciplineerd verhandeld (5 jaar - 10 jaar).

Blijkbaar is het leuk als je je handelsdag kan afsluiten en 1.000 euro meer op je rekening hebt staan (als je bijvoorbeeld beschikt over een handelskapitaal van 10.000 euro). Maar lukt je dat elke dag?

Naar mijn mening heeft het veel meer zin om je trading business werkelijk op te bouwen als een bedrijf. Begin klein en ga pas daarna geleidelijk aan met grotere posities handelen, op voorwaarde dat je in staat bent om je beschikbaar kapitaal te vergroten.

Probeer daarom niet direct je broodwinning te verdienen met traden. Dit doel zet je onder enorme druk. Dan bestaat het gevaar dat je te veel met hefbomen gaat werken en buitensporige risico's gaat nemen. Meestal loopt dit niet goed af.

Het is veel slimmer om heel klein te beginnen (bijvoorbeeld op de forex handelen met micro-lots, geen mini-lots!) en zonder hefboomwerking en zo geleidelijk aan met toenemende ervaring je posities vergroten. Daardoor sta je aan het begin minder onder druk en ga je meer beheerst om met het onderwerp trading.

De eigenlijke hefboomwerking ligt dan in de tijd. De meeste traders onderschatten wat je in een periode van 5 of 10 jaar kan bereiken. Over 5 jaar kan je misschien dingen die je vandaag nog niet kan. Neem je tijd om hier naartoe te groeien.

Het ontspannen traden met de heel kleine posities heeft ook nog een ander positief effect. Je kan het je permitteren om met wat royalere stop orders te werken. Net als swingtrader mag je je stops niet te kort zetten. Geef de markt wat tijd om zich te ontwikkelen. Doet de markt het niet na een vooraf bepaalde tijdsspanne, dan moet je zoals eerder gezegd ernstig overwegen om het risico te minimaliseren.

10. Hoeveel posities kan je gelijktijdig open houden?

Als swingtrader heb je zeker de luxe dat je je trades niet constant in de gaten moet houden zoals bijvoorbeeld een daytrader of scalper moet doen. Je hebt de comfortabele mogelijkheid om je volledig te ontspannen bij het plaatsen van je orders op de markt en dan kan je vertrekken. Aangezien je positie zowel van een stop-loss als door en take profit order is voorzien, beslist uiteindelijk de markt welk van beide orders als eerste wordt bereikt.

Zo kom je natuurlijk in de mogelijkheid om meerdere posities tegelijk open te houden. Maar hier wil ik je wel voor waarschuwen. Zelf hou ik meestal niet meer dan 2 posities gelijktijdig open.

Waarom?

De markten van vandaag zijn heel erg gecorreleerd. Als er iets gebeurt met de dollar, heeft dit meestal gevolgen voor de aandelenmarkt en voor de grondstoffen. Zijn er sterke bewegingen op de oliemarkt, blijft ook dat niet zonder gevolgen voor de aandelen en voor de hele reeks grondstofvaluta's, en ook voor de dollar.

Met andere woorden: als je bijvoorbeeld een positie hebt in de EUR/USD, olie of Dow Jones, kan het je overkomen dat door een gebeurtenis op één van deze markten alle andere getroffen worden. Als je aan de verkeerde kant staat, kan het zijn dat je in alle drie de posities verliest.

Daarbij komt nog een psychologische factor. Als traders te veel posities gelijktijdig open houden, ontwikkelen ze een zekere onverschilligheid tegenover bepaalde posities. Mogelijk beheer je je posities niet met dezelfde zorgvuldigheid waarmee je een enkele positie zou beheren. Hou het daarom liever eenvoudig en verhandel liever de markten waarin je een echte kans ziet. Minder is vaak meer.

Glossarium

Black swan: Nederlands: zwarte zwaan: uiterst zeldzame gebeurtenis met grote gevolgen

Break-even: Engels voor winstdrempel

Correlatie: Een correlatie beschrijft een verhouding tussen twee of meerdere financiële markten

Daytrading: Daytrading is de speculatieve handel op korte termijn met waardepapieren. Hierbij worden posities binnen dezelfde handelsdag geopend en weer gesloten, met als doel voordeel te halen uit kleine koersschommelingen

Drawdown: De drawdown geeft het maximaal gecumuleerde verlies weer binnen een beschouwde periode en wordt altijd als procentuele waarde weergegeven

E-mini: Future contract op de Amerikaanse index SP500

Exit-strategie: Een strategie die het uitstappen uit de markt bepaalt

Forex: Forex Exchange Market, internationale deviezen-markt

Gegarandeerd stop-loss order: De broker garandeert bij dit order het vereffenen van de positie exact op de gewenste koers

Heikin Ashi grafiek: Japans voor "op een voet balanceren". Japanse weergave van koersveranderingen

Initial Stop: De initial-stop-loss geeft de oorspronkelijke aankoop- of verkoopkoers weer die werd geplaatst als risicogrens bij opgeven van het order

Long gaan: Long gaan betekent dat je bestanden van waardepapieren koopt en dus bezit

Lot: Een lot is de handelseenheid bij deviezenhandel (forex) en in futuresmarkten. Bij forex staat een lot bij normale contracten voor 100.000 eenheden van de eerstgenoemde munteenheid (basis), dus bij het valutapaar EUR/USD staat 1 lot voor 100.000 euro

Micro-lot: Een micro-lot komt overeen met een contract over 1.000 eenheden van de basis munteenheid in een forex-paar

Momentum: Het momentum informeert de belegger over het tempo en de sterkte van een koersbeweging

Ondersteuning: Prijsniveau waarop meer kopers opduiken

Pip: Engels: percentage in point, kleinste wijziging in de prijs in deviezenhandel

Range: Zijwaartse fase van een markt

Retracement: Een tijdelijke omkeer die tegen de overheersende trend in gaat

Scalping: Handelstechniek waarbij de trader probeert minimale bewegingen op de markt te verhandelen

Short gaan: Een trader gaat short wanneer hij een positie verkoopt zonder deze te bezitten (leegverkoop)

Slaagkans: De slaagkans geeft de verhouding weer tussen winnende en verliezende trades

Slippage: Het verschil tussen de geschatte en daadwerkelijke prijs bij aankoop van waardepapieren

Stop-loss order: Verkoopopdracht die wordt uitgevoerd van zodra een bepaalde koers wordt bereikt

Trailingstop: Automatisch volgend stop-loss order.

Trendfollowing: Handelsstrategie die inzet op het volgen van een geïdentificeerde trend

Volatiliteit: Standaardafwijking. Geeft aan hoe sterk een koers schommelt

Weerstand: Prijsniveau waarop meer verkopers opduiken

Andere boeken van Heikin Ashi Trader

Hoe scalp ik de mini-DAX future?

Dankzij het invoeren van de mini-DAX futures (afkorting: FDXM) kunnen particuliere beleggers met kleinere rekeningen nu ook de Duitse index DAX scalpen aan professionele voorwaarden. In tegenstelling tot de meeste andere handelsinstrumenten zijn futures de meest transparante en meest gunstige mogelijkheid om op de financiële markt geld te verdienen.

Scalpers hebben oneindig veel meer handelskansen dan positietraders of daytraders, wat dus het sterke punt van deze handelsstijl is. Een scalper kan zijn kapitaal dan ook veel efficiënter beheren dan alle andere marktdeelnemers en kan dan ook een veel groter rendement behalen dan anders het geval zou zijn.

De Heikin Ashi trader toont in dit boek hoe je deze nieuwe future op DAX succesvol kan scalpen. Je leert hoe je in de markt stapt, hoe je je positie beheert en wanneer je weer moet uitstappen. Bovendien bevat het boek heel wat tips en tools om je eigen trading nog efficiënter en preciezer te laten verlopen.

Inhoudsopgave

Over de schrijver

Heikin Ashi Trader wordt wereldwijd gezien als de specialist in scalping met de Heikin Ashi grafiek. Hij handelt al 19 jaar op deze manier. Hij werkte voor een hedgefonds en ging daarna op eigen houtje Zijn scalpingboek "Scalpen is leuk!" is een internationale bestseller en werd meer dan 30.000 keer verkocht. Meer informatie over zijn scalpingmethode vindt u op zijn website: www.heikinashitrader.net.

Impressum

1ste druk 2019

Published by:

Dao Press is an imprint of
Splendid Island, Ltd

Scanbox#05927, Ehrenbergstr 16A

10245 Berlijn - Duitsland

Alle rechten voorbehouden

www.ingramcontent.com/pod-product-compliance
Lightning Source LLC
Chambersburg PA
CBHW021919170526
45157CB00005B/2098